Denise Kouba

Werbewelt und Medienkinder. Darstellung von Werbemedien, Werbekonsum und Werbewirkung bei Kindern

GRIN Verlag

Bibliografische Information der Deutschen Nationalbibliothek:

Die Deutsche Bibliothek verzeichnet diese Publikation in der Deutschen National-
bibliografie; detaillierte bibliografische Daten sind im Internet über http://dnb.d-
nb.de/ abrufbar.

Impressum:

Copyright © 2005 GRIN Verlag GmbH
Druck und Bindung: Books on Demand GmbH, Norderstedt Germany
ISBN: 978-3-656-83050-4

Dieses Buch bei GRIN:

http://www.grin.com/de/e-book/42122/werbewelt-und-medienkinder-darstellung-
von-werbemedien-werbekonsum-und

GRIN - Your knowledge has value

Der GRIN Verlag publiziert seit 1998 wissenschaftliche Arbeiten von Studenten, Hochschullehrern und anderen Akademikern als eBook und gedrucktes Buch. Die Verlagswebsite www.grin.com ist die ideale Plattform zur Veröffentlichung von Hausarbeiten, Abschlussarbeiten, wissenschaftlichen Aufsätzen, Dissertationen und Fachbüchern.

Besuchen Sie uns im Internet:

http://www.grin.com/

http://www.facebook.com/grincom

http://www.twitter.com/grin_com

Fachhochschule Jena

Fachbereich Sozialwesen

Hausarbeit

Werbewelt und Medienkinder

Darstellung von Werbemedien, Werbekonsum und
Werbewirkung bei Kindern

Seminar: Einführung in die Medienpädagogik

Denise Kouba
30.06.2005

Inhaltsverzeichnis

Einleitung

In Großbritannien wurde ein Werbespot aus dem Kinderprogramm verbannt, der den kleinen Zuschauern Alpträume bereitete und dafür sorgte, dass sie nicht mehr fernsehen wollten.[1] Der Spot bewirbt den Brotaufstrich Marmite der Firma Unilever Bestfoods und wurde dem Horrorklassiker „The Blob" nachempfunden. Zu sehen ist ein riesiger Klacks Marmite, der in einer Einkaufsstraße Amok läuft und Menschen vor ihm flüchten oder direkt auf ihn zulaufen und verschlungen werden. Die Aussage am Ende des Spots lautet entsprechend: „You either love it or hate it!"

Häufig werde Werbespots von Kindern im freien Spiel individuell verarbeitet. Neulich konnte ich an einer Bushaltestelle zwei 10jährige Jungs beobachten, wie einer dem anderen den neusten MC Donalds Werbespot vorspielte. „Ich liebe es. Ich Ho Jung Su..."

Weil die Zahl der Konsumenten aufgrund der demographischen Entwicklung schrumpft wie nie zuvor, ist es für Unternehmen eine Grundsatzfrage, weniger Kindern mehr zu verkaufen. SMS-Werbung, Schulsponsoring, Internet-Kampagnen: Werbetreibende besetzen mit immer neuen Methoden auch das letzte Fleckchen kindlicher Lebenswelt. Sie wollen präsent sein, anlocken, abverkaufen und geben dabei Milliarden aus, um sich im kindlichen Bewusstsein festzusetzen. Je älter die Kinder dann werden, um so mehr nimmt der Werbedruck zu. Die Kampagnen richten sich jetzt direkt an sie und blenden die Eltern völlig aus.[2] Spätestens an dieser Stelle drängt sich jedoch die Frage auf, welche Auswirkung diese Entwicklung auf die focusierten Kinder hat.

Im Rahmen dieser Arbeit erfolgt zur Untersuchung dieser zentralen Fragestellung im ersten Teil ein Abriss der Werbemöglichkeiten für die Zielgruppe Kind. Im Anschluss werden die Grundlagen der Werbewirkungsforschung und insbesondere vorhandene Studien zur Werbewirkung bei Kindern vorgestellt und analysiert, um abschließend Möglichkeiten aufzuzeigen, Kindern ein kritisches Bewusstsein für Medien zu vermitteln und sie zum Umgang mit diesen zu ermutigen.

---

[1] Vgl. http://media.guardian.co.uk/advertising/story/0,7492,1438367,00.html
[2] Vgl. http://zeit.de/2004/22/Kinder-Konsum

1 Werbung und Kinder

1.1 Werbung - ein Definitionsversuch

„Werbung stellt ein dem verkaufspolitischen Zweck dienende, bewusste und zwangsfreie Einflussnahme auf Menschen mit Hilfe spezifischer Kommunikationsmittel dar"[1], die das Erleben und Verhalten von Personen im Hinblick auf bestimmte Angebote unmittelbar oder mittelbar positiv verändern will.[2] Laut einer Befragung der Bauer Media Akademie und Trend Research bezeichnen Marktentscheider Kundenbindung, Markentreue, sowie den Aufbau von Vertrauen und Glaubwürdigkeit als die wichtigsten außerökonomischen Werbeziele der Zukunft.[3] Die Wirtschaft nutzt hierfür unterschiedliche Medien und wirbt mit Anzeigen, Beilagen, Werbespots, Prospekten, Katalogen, Flugblättern, Plakaten oder Werbebannern.

Hierbei hat die Werbeindustrie auch das Potential der Zielgruppe Kind entdeckt. Für sie sind Kinder eigenständige Konsumenten geworden, die über eine beträchtliche Kaufkraft und ein ausgeprägtes Markenbewusstsein verfügen.

1.2 Zielgruppe Kind

1.2.1 Kinderwerbung

„Das Verhältnis zwischen der Werbeindustrie und den Kindern ist ein inniges. Die Werber wissen, dass die Kinder sie mögen. Und sie mögen die Kinder, weil diese ihr aufmerksamstes Publikum sind."[4]

Es gibt kaum eine Branche, die sich nicht für Kinder interessiert. Mit ihrem steigenden Einkommen in Form von Taschengeld und Geldgeschenken haben sie schon früh die Gelegenheit an der Konsumgesellschaft teilzuhaben. So verfügen 6 bis 13jährige Kinder laut der aktuellen Kids Verbraucheranalyse 2004 (n=1600) in Deutschland über eine Kaufkraft von 5,6 Milliarden Euro. Ausgegeben wir das Geld zumeist für Süßigkeiten, Zeitschriften und Comics. Trotz der allgemein schwierigen Wirtschaftslage ist die Kaufkraft der Kids seit 2002 um 10% gestiegen. Ebenso wirken Kinder bei Kaufentscheidungen innerhalb der Familie mit und entscheiden hierbei über Einkäufe in Höhe des doppelten Betrages ihrer persönlichen Geldmittel.[5] Besonders markenbewusst zeigen sie sich unter den

[1] Behrens, G., 1996, Werbung, S.14; Vgl. auch Nieschlag, R. u.a., 1997, Marketing, S. 1085
[2] Vgl. Mayer, A.E., 1998, Werbekinder, S 24
[3] Vgl. http://www.wuv.de/news/artikel/2004/11/37021/index.html
[4] Müller, M., 1997, Könige, S. 60
[5] Vgl. Kommer, S., 1996, Werbenetz, S. 120; Charlton, M. u.a., 1995a, Werbeangebot, S. 26f., http://www.wuv.de/news/artikel/2004/07/32157/index.html

3

Lebensmitteln bei süßen Brotaufstrichen, Eis, Getränken, Cornflakes und Knab-bergebäck. Bei Nonfood-Artikeln ist die Marke bei Sportschuhen, Taschen und Jeans für sie entscheidend. So treten Kinder zunehmend als eigenständige Kon-sumenten mit individuellen Wünschen und Vorstellungen auf und werden von der Werbeindustrie als solche wahrgenommen, was deren Investitionen in Kinder-werbung zeigen.

Kinderwerbung soll in dieser Arbeit alle Werbemaßnahmen beinhalten, die sich ausdrücklich, ausschließlich oder zumeist auch an Kinder richten. Dabei ist uner-heblich, ob die Kinder selbst als potentielle Kunden, Besucher oder Mitglieder angesprochen werden. Werbemaßnahmen sind an Kinder gerichtet, wenn das Beworbene, die Art der Ansprache oder das Umfeld, indem die Werbung platziert ist, sich kinderspezifisch gestaltet.[6] Dabei kann es sich um Kinderwerbespots mit Kinderdarstellern handeln, die für Kinderprodukte werben. Oder es sind Kinder-spots ohne kindliche Akteure, in denen für Kinderprodukte geworben wird. Das dominierende Medium stellt dabei die Fernsehwerbung dar, aber auch Kin-derzeitschriften, Video- bzw. Computerspiele und below the line – Aktivitäten (Sponsoring, Direktwerbung und Verkaufsförderung) bieten eine Basis für Kin-derwerbung.[7]

1.2.2 Kinderzentrierte Werbemedien

1.2.2.1 Das Medium Fernsehen

Fernsehen nimmt in der kindlichen Freizeit einen entscheidenden Platz ein. Laut der Studie „Kinderwelten 2004" von SuperRTL ist Fernsehen das beliebteste und am häufigsten genutzte Medium der Kinder. So sehen 89% der befragten Kinder (n=960) häufig, 8% gelegentlich und 2% nie fern. An einem normalen Schultag verbringen Viertklässler pro Tag durchschnittlich 80 Minuten mit Fernsehen. Die Hauptfernsehzeit fällt dabei auf den Nachmittag und den frühen Abend. Hier werden vor allem private Sender gesehen, bei denen am Wochenende bis zu 210 Werbespots im Rahmen des Kinderprogramms über den Bildschirm flim-mern.[8]

Die Studie stellte auch fest, dass Kinder im Alter von 6 bis 9 Jahren vor allem Cartoonformate in unterschiedlichen Erzählerstrukturen mit vielfältigem Charakte-ren und Arten der Animation bevorzugen. Im Stadium zwischen Kindheit und ein-setzender Pubertät bleiben die Kinder teilweise noch bei ihren vertrauten Kinder-formaten. So sind bis zum 12. Lebensjahr auch Cartoons fester Bestandteil

[6] Vgl. Benz, C., 2002, Kinderwerbung, S. 4; Biber-Delfosse, G., 1999, Einflüsse, S. 64
[7] Vgl. Charlton, M. u.a., 1995a, Werbeangebot, S. 33
[8] Vgl. http://www.superrtl.de; Kommer, S. 124; Aufenauer, S., 1997, Verlockungen, S. 29; Charlton, M. u.a., 1995a, Werbeangebot, S. 30

der Fernsehnutzung. Bei der Kinderwerbung werden diese Aspekte aufgegriffen und so wird die Art der Ansprache durch den Einsatz von Zeichenfiguren kinderspezifisch ausgestaltet. Diese tragen dazu bei, dass Werbung fröhlicher und bunter wird, so dass sie bei Kindern besser ankommt. Aktuelle Walt Disney Helden stehen hierbei besonders hoch im Kurs, wie z.B. der Clownfisch Nemo.[9] Kinder sind aber auch fasziniert ihre Altersgenossen in Werbefilmen zu sehen, ebenso sind die Publikumsanrede mit „Du" oder der Einsatz Prominenter (Testimonials) praktizierte Werbemethoden in Kinderfernsehspots. So waren bei Kindern 2004 die beliebtesten Werbe-Testimonials Michael Schumacher, Oliver Kahn und Stefan Raab. Die Kinder setzen in diese Personen Vertrauen und finden sie sympathisch.[10]

Die Regel bei der Gestaltung von Kinderwerbespots lautet nach dem Creativ Director Charles Green, Gestalter der Punica Oase und der Fruchtzwergespots, „Keep it simple, interesting, relevant and visual."[11] Was bedeutet sich in der einfachsten und spannendsten Weise auf das Wesentliche zu konzentrieren und es in starken Bildern umzusetzen. So werden die Spots mit einem schnellen Ablauf, vielen Wiederholungen und grellen Farben gestaltet.[12] Da die emotionale Kraft von Werbung am Bildschirm am größten ist, können mehr als die Hälfte der Kinder die meisten Werbesprüche auswendig aufsagen. Sie verwenden die Werbung als echte Informationsquellen für Produkte, die sie am nächsten Tag kaufen möchten. So bewarb Ferrero beispielsweise seine Milchschnitte mit der „Extra-Portion Milch" und war damit so erfolgreich, dass 58 Prozent aller 6 bis 13jährigen angeben eine oder mehrere Milchschnitten pro Woche zu essen.

Das Marktforschungsinstitut Inconkids & Youth fand im Rahmen der Studie ‚Trend Tracking Kids 2004' heraus, dass ein Drittel der befragten Kinder (n=1439) vor allem TV Spots für Süßigkeiten, Riegel, Eis oder Chips mögen. Sie nannten dabei Namen, wie Haribo, Pringles oder Kinder.[13]

Neben der Werbung in Spots, werden auch Methoden aus dem Erwachsenenprogramm für Kinderwerbung übernommen. So zum Beispiel die Idee des Product placement in der Umrahmung durch Spielshows. Die werbenden Unternehmen stellen dabei die Preise für die in der Spielshow ausgetragenen Gewinnspiele bereit. Diese sind für den Zuschauer gut sichtbar aufgebaut und werden zum Teil vor Spielbeginn dem Publikum präsentiert. Bei der Sendung „Super Toy Club" von SuperRTL dürfen die Gewinner dreieinhalb Minuten lang Einkaufskörbe mit Spielsachen füllen. Gesponsert werden diese von der Spielwarenkette

---

[9] Vgl. http://www.wuv.de/daten/studien/062004/889/summary.html
[10] Vgl. Bieber-Delfosse, G., 1999, Einflüsse, S. 70;
http://www.wuv.de/daten/studien/062004/889/summary.html
[11] Müller, M., 1997, Könige, S. 60
[12] Vgl. http://www.23muskeltiere.de/themen/werbung/haikwerb.html; Charlton, M. u.a., 1995a, Werbeangebot, S. 49
[13] Vgl. http://www.wuv.de/daten/studien/062004/886/index.html

5

Toys'R Us.[14] Auch das Merchandising oder Licenzing spielt als Nebenerscheinung von Kinderfernsehsendungen eine wichtige Rolle. Merchandising bezeichnet dabei die Vermarktung von Medienprodukten in Form der Vergabe von Lizenzrechten an Zweitfirmen, die diese Rechte wiederum in Fremdprodukten, Dienstleistungen oder der Werbung verwenden. Kurz gesagt, handelt es sich um die Vermarktung von Ideen und Personen, die in den Medien „en vogue" sind.[15] Experten im Bereich des Merchandising sind z.b. der Disney-Konzern oder Time Warner, deren Zeichentrickfiguren in Büchern, Spielen, als Plüschtiere oder auf Textilien, Tassen, Socken, Handtüchern, Postkarten und Schultaschen prangen, die zur Verlängerung bzw. ständigen Reproduktion des Rezeptionserlebnisse führen.

Am häufigsten konkurrieren Unternehmen jedoch um Programmplätze. Einige Hersteller von Süßigkeiten oder Spielsachen produzieren Fernsehsendungen, in denen ihre Ware die Hauptrolle spielt. Bei dieser Art der Werbung, dem Batering, handelt es sich um ein Tauschgeschäft zwischen Werbetreibenden und Fernsehsendern. Der Werbetreibende finanziert und produziert sendefähiges Material und erhält als Gegenleistung Werbezeiten vom jeweiligen Sender.[16] So werden ganze Zeichentrickserien allein mit dem Ziel entworfen passende Produkte dazu zu verkaufen, wie z.B. bei der Plastikpuppe He-Man. Auf diesem Weg wird das Programm zu Werbung oder wie es der Spiegel bezeichnete zur „Dauer-Werbesendung".[17]

1.2.2.2 Kinderzeitschriften

Mehr als zwei Drittel der 6 bis 13jährigen lesen mindestens eine der führenden Kinderzeitschriften. Der Printmarkt gestaltet sich hierbei sehr vielfältig, so existieren in Deutschland über 100 Kindertitel mit einer jährlich verkauften Auflage von ca. 130 Millionen Exemplaren. Die höchste Reichweite hat dabei die Zeitschrift ‚Mickey Maus' mit ca. 1 Million Leser pro Ausgabe. Danach folgen die Kinderzeitschriften ‚Junior' und ‚Donald Duck Sonderhefte'. Mädchen greifen ebenso häufig zu ‚Wendy' oder Jugendzeitschriften.[18]

In diesen Kinderzeitschriften findet sich deutlich weniger Werbung als im Rahmen von TV-Kindersendungen.[19] Der Anteil von Werbung liegt so durchschnittlich

[14] Vgl. Charlton, M. u.a., 1995a, Werbeangebot, S. 28
[15] Vgl. Niemann, R., 1997, Nutzung, S. 87; Charlton, M. u.a., 1995a, Werbeangebot, S. 36
[16] Vgl. Seelbohn, J., 2001, Werbepraxis, S. 16
[17] Vg. http://www.zeit.de/2004/22/Kinder-Konsum; Bieber-Delfosse, G., 2002, Medienkind, S. 78
[18] Vgl. http://www.wuv.de/news/artikel/2004/07/32157/index.html; http://www.wuv.de/daten/studien/062004/886/index.html
[19] Vgl. Kommer, S., 1996, Werbenetz, S. 69f.; Carlton, M. u.a., 1995a, Werbeangebot, S. 31

nur bei 5 Prozent pro Heft. Gründe dafür sind zum einen die finanzielle Unab-
hängigkeit der Zeitschriften von den Werbeeinnahmen und zum anderen mögli-
che Beschränkungen von Seiten der Lizenzgeber bei Lizenztiteln. Die Anzeigen
in den Zeitschriften beziehen sich vor allem auf Spielsachen, Süßigkeiten, Be-
kleidung und insbesondere andere Zeitschriften bzw. Bücher in Eigenanzeigen
der Verlage. Die Darstellung der Produkte erfolgt dabei mit dominierenden Abbil-
dungen und kurzen Textpassagen, die sich meist nur auf den Namen des Pro-
duktes beschränken.

1.2.2.3 Video und Computer

In Zeiten von Play Station und X-Box nimmt die Bedeutung von Video- und Computerspielen als Werbeträger immer mehr zu. Kinder verfügen über eine wachsende Medienausstattung und so haben 78 Prozent von ihnen Zugang zu einem
Computer und 39 Prozent zu einer Spielkonsole.[20]
Die Werbemöglichkeiten bei Computerspielen sind vielfältig. Zum einen werden
Computerspiele mit Werbeinhalten produziert, die kostenlos oder zu einem sym-
bolischen Preis an die Kunden gelangen . Diese Spiele werden unter den Nut-
zern kopiert, wodurch sich die Reichweite der Werbung deutlich erhöht.[21] Zum
anderen nutzt man die Möglichkeiten des Product Placement in Kaufspielen. Hier
tauchen bestimmte Bandenwerbungen, Plakatwände oder spezielle Produkte im
Spiel auf. So stattete beispielsweise die Firma *Nike* im Computerspiel *NBA Live
2004* virtuelle Basketballer für den Spieler klar erkennbar mit Schuhen und Be-
kleidung aus. Electronic Arts, der weltweit größte Entwickler von Computerspielen vermarktet diese Form der Werbung ganz offensiv. Das Spiel reduziere den
Stress und stimuliere die Sinne, so sei ein Spieler emotional besonders an-
sprechbar.[22]
Diese Branche stellt einen boomenden Markt dar, der sich an der Medialisierung
der Kinderzimmer orientiert und nach den Marktforschern von Forrester in den
kommenden zwei Jahren geschätzte Werbeeinnahmen von bis zu einer Milliarde
Dollar einbringen wird.

1.2.2.4 Werbung below the line

40 Prozent der Werbeaktivitäten fließen in den below the line-Bereich. Below the
line-Werbung bezeichnet Strategien, die nicht der klassischen Werbung zure-
chenbar sind, sondern Direktwerbung, Verkaufsförderung oder Sponsoring darstellen.[23]

---

[20] Vgl. http://www.wuv.de/daten/studien/062004/886/index.html
[21] Vgl. Chartlon, M. u.a., 1995a, Werbeangebot, S. 32f.
[22] Vgl. a. i. F. www.zeit.de/2004/22/Kinder-Konsum
[23] Vgl. a. i. F. Charlton, M. u.a., 1995a, S. 33

Im Rahmen der <u>Direktwerbung</u> werden Kinder durch Wurfsendungen, Briefe oder Kundenclubs direkt angesprochen. Fast jede Firma, deren Zielgruppe Kinder sind, unterhält einen Kinderclub. Hier wird an die Kinder ein Mitgliedsausweis abgegeben, eine Clubzeitung zur werbenden Selbstdarstellung veröffentlicht und persönlich Werbematerial zugesandt. Gerade das Erhalten eigener Post ist für Kinder sehr reizvoll, da sie sich so wie Erwachsene behandelt fühlen.

Eine weitere below the line-Aktivität ist das <u>Sponsoring</u>. Im Unterschied zu anderen Werbeformen werden hier nicht nur passive Werbesignale ausgesandt, sondern der Sponsor greift aktiv in die Freizeitgestaltung der Kinder ein.[24] Meist beziehen sich die Sponsoringaktivitäten dabei auf sportliche, kulturelle oder soziale Bereiche und liefern eine Unterstützung mit Geld oder Sachmitteln. Auch wenn keine empirischen Analysen zum Sponsoring von Kindern vorliegen, kann doch gesagt werden, dass die meisten Aktivitäten bei Kinderfesten oder Theater- und Zirkusvorstellungen stattfinden. Was den sportlichen Bereich anbelangt, werden hier üblicherweise Ausrüstungsgegenstände zur Verfügung gestellt.

Zusammenfassend lässt sich sagen, dass mit Hilfe von Sponsoringaktivitäten die Wirtschaft die Möglichkeit nutzt bei Kindern ein bestimmtes Image aufzubauen. Den Kindern werden im Gegenzug Möglichkeiten eröffnet, die aufgrund fehlender finanzieller Mittel nicht realisierbar wären.

1.2.2.5 Zukünftige Werbemärkte

Auch wenn laut der Studie „Kinderwelten „2004" nur 25 Prozent der Kinder das Internet häufig bzw. gelegentlich nutzen, sind die Online Kids für viele Branchen zu einer interessanten Zielgruppe geworden.[25] So gibt es für Kinder bereits Hunderte von Websites angefangen mit der Lila Kuh über Mickey Maus bis hin zum Kellogs-Tiger.

In den USA hat sich dieser Trend bereits verfestigt. Hier wird auf niedliche Comicfiguren oder den Tamagotchi-Effekt gesetzt, bei dem die Kinder die Seite regelmäßig besuchen müssen, damit es ihren kleinen Cyberfreunden gut geht.[26] In Deutschland nutzen bisher jedoch eher weniger Unternehmen diese Werbebasis. Die Kontrolle des Werbeerfolges aufgrund von Webseiten gestaltet sich recht schwierig, da es noch keine allgemein akzeptierten Meßmethoden gibt. Die Kontakte im Internet gelten jedoch als besonders intensiv und wirkungsvoll. So warnt Kathryn Montgomery, Präsidentin des Center for Media Education davor, dass auf diesem Weg ganz individuelle Beziehungen zu den ungeschützten

---

[24] Vgl. a. i. F. Baacke, D. u.a., 1993, Kinder, S. 56; Charlton, M. u.a., 1995a, Werbeangebot, S. 34

[25] Vgl. Charlton, M. u.a., 1995a, Werbeangebot, S. 35

[26] Vgl. a. i. F. Baacke, D. u.a., 1993, S. 56; Charlton, M. u.a., 1995a, Werbeangebot, S. 34

jungen Computernutzern aufgebaut werden können. Welches Kind könnte denn widerstehen, wenn es eine persönliche Nachricht von den Power Rangers bekommt?

Die Darstellung der Werbeauftrittmöglichkeiten für die Zielgruppe Kind hat gezeigt, welche vielseitigen Methoden hier genutzt werden können und wie Werbung teilweise unterschwellig an die Kinder herangetragen wird. Aus dieser Betrachtung heraus ergibt sich die Frage, wie sich diese Werbemethoden auf Kinder auswirken und wie sie das Gesehene verarbeiten. Hierzu werden im Folgenden kurz die Grundverständnisse der Werbewirkungsforschung vorgestellt und im Anschluss die Werbewirkung bei Kindern anhand verfügbarer Studien explizit betrachtet.

2 Werbewirkung bei Kindern

2.1 Werbewirkungsforschung

Kernpunkt der Diskussion über Kinder und Werbung stellt die Werbewirkung dar. In der Wirtschaft bezieht sich die Werbewirkung auf die direkte Beeinflussung der Konsumentenentscheidung, die mittels Werbewirkungsuntersuchung zu erfassen versucht wird.[27]

Wissenschaftlich existiert keine allgemein geteilte und umfassende Theorie über die Auswirkung von Werbung. Es handelt sich hierbei eher um Erklärungsversuche eines bisher nicht genau bestimmbaren Verhältnisses zwischen Medienbotschaften und menschlichem Handeln bzw. Denken. [28] Übereinstimmung innerhalb der verschiedenen Modelle besteht jedoch darin, dass jede Kommunikation, ganz gleich welcher Art sie ist, welche Funktion sie hat oder von welchem Medium sie gesendet wird, beim Empfänger einen individuellen inneren Eindruck auslöst, der zu einem bestimmten Verhalten führt. Wie dies geschieht, versuchen die verschiedenen Modelle unterschiedlich zu erklären.[29]

Aus der verhaltensorientierten Psychologie wurde ein **verbreitetes Reiz-Rektions-Modell (S-R-Modell)** zur Untersuchung der Werbewirkung übernommen. Es beschränkt sich bei der Verhaltenserklärung auf den objektiv beobachtbaren Input und den damit einhergehenden beobachtbaren Output. Werbung wirkt sich somit direkt auf das Verhalten der Zielperson aus. Was sich im Inneren des Menschen abspielt, bleibt dabei unberücksichtigt, weshalb auch von einer

---

[27] Vgl. Baacke, D. u.a., 1993, Kinder, S. 101; Vgl. hierzu auch Nieschlag, R. u.a., 1997, Marketing, S. 643ff.

[28] Vgl. Meister, D.M., Sander, U., 1997, Plädoyer, S. 48; Baacke, D. u.a., 1993, Kinder, S. 109

[29] Vgl. Bieber-Delfosse, G., 1999, Einflüsse, S. 20

„Black Box" gesprochen wird.[30] So stellt z.B. die attraktive Werbeanzeige den Reiz und der spontane Kauf die Reaktion dar.

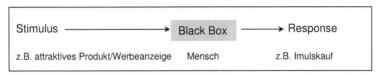

Abbildung 4: Stimulus-Response-Modell [31]

Das S-R-Modell findet in dieser Form keine Anwendung mehr, vielmehr wurden zwischen Werbung und Werbewirkung weitere Einflussfaktoren zwischengeschaltet, was zu einem Stufenmodell führt.

Die **Stufenmodelle** versuchen menschliches Verhalten unter Einbeziehung der inneren Vorgänge im Mensch zu erklären. Im Verständnis des Modells führt der Stimulus erst in Verbindung mit bestimmten inneren Vorgängen zur Reaktion. Diese inneren Vorgänge werden durch aktivierende Prozesse, wie Emotion, Motivation bzw. Einstellung oder durch kognitive Prozesse, wie Wahrnehmung, Denken bzw. Lernen zu erklären versucht.[32]

So kommt es hier beispielsweise durch den Reiz einer gut gestylten Werbeanzeige erst in Verbindung mit z.B. dem Konstrukt „Einstellung" zur Reaktion Kauf.

Abbildung 5: S-O-R-Modell [33]

Psychologische Modelle gehen heute davon aus, dass der Einfluss von Werbung von spezifischen Personenmerkmalen abhängt und die Erzeugung von Emotionen, Involvement und Wiederholungen dabei eine besondere Rolle spielen.

Der **Nutzenansatz** entfernt sich von der medienzentrierten Perspektive und stellt den Nutzen der durch die Medien vermittelten Inhalte für den Rezipienten in den Vordergrund. Kinder nutzen nach diesem Ansatz die Medien, die ihre momentanen Bedürfnisse am besten befriedigen.[34]

---

[30] Vgl. Nieschlag, R. u.a., 1997, Marketing, S. 1073; Kirsch, J., Müllerschön, B., 2001, Marketing kompakt, S. 29f.; Baacke, D. u.a., 1993, Kinder, S. 116; Meister, D.M., Sander, U., 1997, Plädoyer, S. 48

[31] In Anlehnung an Kirsch, J., Müllerschön, B., Marketing kompakt, S. 28

[32] Vgl. Nieschlag, R. u.a., 1997, S. 1073; Kirsch, J., Müllerschön, B., Marketing kompakt, S. 29f.

[33] In Anlehnung an Kirsch, J., Müllerschön, B., Marketing kompakt, S. 29

[34] Vgl. a. i. F. ; Meister, D.M., Sander, U., 1997, Plädoyer, S. 49f.

Soziologische und kommunikationswissenschaftliche Modelle betonen die begrenzten Effekte der Werbewirkung. Sie beziehen den sozialen Kontext der Zielgruppe ein und heben den Stellenwert von Meinungsführern und Primärgruppenbeziehungen hervor. In der medienpädagogischen Betrachtung wird an diesem Punkt angesetzt und ein erweiterter Wirkungsbegriff entwickelt, der diese lebensweltlichen und sozialisatorischen Aspekte mitberücksichtigt.

2.2 Der erweiterte Werbewirkungsbegriff

In der pädagogischen Auseinandersetzung mit der Einwirkung von Werbung auf Kinder steht nicht mehr der wirtschaftliche Erfolg, sondern vielmehr die Konsequenz auf die soziale, psychische, emotionale und moralische Entwicklung von Kindern im Mittelpunkt. Hierbei konzentriert sich die Betrachtung jedoch besonders stark auf psychische und psychomatische Veränderungen bei einzelnen Rezipienten, wodurch eine konstruktive Debatte über die Wirkungsweise von Werbung behindert wird. Ebenso muss heute noch viel bewusster beachtet werden, dass Kinder mehr denn je in einer Konsum- und Medienwelt leben und Werbung in ihre alltagskulturellen Lebensweisen integrieren, was strukturell ihr Aufwachsen verändert.[35] Man ist sich heute darin einig, dass Werbung in ihrer Gesamtheit eine erzieherische Wirkung hat. Der Zentralverband der Deutschen Werbewirtschaft spricht in diesem Zusammenhang sogar von der „unverzichtbaren Rolle der Werbung in der kindlichen Sozialisation".[36]

Diese Tatsachen verlangen aus medienpädagogischer Sicht nach einem erweiterten Wirkungsbegriff, der die sozialen Kontexteinflüsse berücksichtigt. Werbewirkung wird folglich als Wechselverhältnis von Kinderkultur, dem einzelnen Kind und der Medienwelt (einschließlich Werbung) verstanden.[37] Die Wirkung stellt sich dabei als ein Kreisprozess dar, bei dem die Werbung die Veränderungen der Kindheit für ihre Werbetaktiken nutzt und damit wiederum beeinflussende Trends für die Kinder setzt. Es handelt sich somit nicht um eine eindimensionale Beziehung zwischen Werbung und Kindern, sondern vielmehr um eine Dreiecksbeziehung in der Werbewirkung zu einer Aktualisierung, Verstärkung und Modifizierung vorhandener Trends wird.

Es wird also nicht mehr danach gefragt, was Werbung mit Kindern macht, sondern welche Emotionen und Assoziationen Kinder gegenüber Werbung entwickeln, welche Aufmerksamkeit sie dieser schenken und ob sie die Werbung durchschauen können.

---

[35] Vgl. Baacke, D. u.a., 1993, S. 103, 105
[36] Zentralverband der deutschen Werbewirtschaft (Hrsg.), S. 3
[37] Vgl. Meister, D.M, Sander, U., 1997, Plädoyer, S. 55; Kommer, S., 1996, Werbenetz, S. 20; Baacke, D. u.a., Medienkinder, S. 168

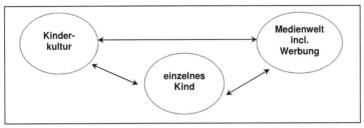

Abbildung 3: Dreiecksbeziehung der Werbewirkung[38]

Diese Werbekompetenz ist bei Kindern unterschiedlich ausgeprägt und hängt vom Alter und dem Einfluss der Eltern bzw. deren Vorbild ab. Je größer die Medien- bzw. Werbeerfahrung der Kinder und je ausgeprägter die Konsumorientierung, desto kompetenter gestaltet sich die Werbewahrnehmung.

In einer Vielzahl von Studien wurde versucht den Wirkungsprozess der Werbung auf Kinder zu analysieren. Die Wichtigsten dieser Studien sollen im Folgenden vorgestellt werden.

2.3 Studien zur Werbewirkung bei Kindern

Die Studien zur Werbewirkung stellen zahlreiche Vermutungen auf, liefern aber wenig konkrete Ergebnisse. Dies ist zum einen die Folge der Diskrepanz zwischen der tatsächlichen Werbewirkungsforschung und den nicht am Marketingerfolg orientierten pädagogischen Fragestellungen. Und zum anderen scheint die Analyse der Werbewirkung Einblick in die Köpfe der Rezipienten zu verlangen.[39]

Die Betrachtung der bedeutendsten Studien zur Werbewirkung soll sich, um das Komplex Werbewirkung greifbarer zu machen, an folgenden Fragestellungen orientieren:

⇨ Wie können Kinder zwischen Programm und Werbung unterscheiden?
⇨ Wie wirkt sich der formale Aufbau der Werbung auf Kinder aus?
⇨ Wie wirkt sich Werbung auf die Sozialisation von Kindern aus?
⇨ Welche Einstellung und Wahrnehmung haben Kinder zur Werbung?

[38] In Anlehnung an Baacke, D. u.a., 1993, Kinder, S. 167
[39] Vgl. ebenda, S. 139

2.3.1 Unterscheidungsfähigkeit zwischen Programm und Werbung

Einige ältere Studien vertreten die Ansicht, dass an Kinder gerichtete Fernsehwerbung bzw. Werbung in Verbindung mit Kinderprogrammen verboten werden
müsste. So wird in der Studie ‚Children`s Television Commercials, a Content A-
nalysis‘ von C. Winick u.a. eine Reihe von Einwänden gegen an Kinder gerichtete
Werbung vorgebracht. So ist die verbreitetste Kritik, dass Kinder unfähig sind, die
an sie gerichtete Verkaufsbotschaft zu filtern und zu unterscheiden.[40] Auch R.P.
Adler u.a. gehen in ihrer Studie ‚The Effects of Television Advertising on
Children, Review and Recommendations‘ davon aus, dass die Techniken, die in
Fernsehwerbung benutzt werden für Kinder irreführend und verführend sind, da
Kindern die Fähigkeit fehlt diese richtig einzuschätzen. Somit ist jede an Kinder
gerichtete Fernsehwerbung schlecht, da sie ihre Verwundbarkeit ausnutze und
ungünstige Konsequenzen für ihre Entwicklung von Werten, Einstellungen und
Verhalten habe.[41] Bei ihren Untersuchungen kamen sie jedoch zu dem Ergebnis,
dass ältere Kinder durchaus in der Lage sind Programm und Werbung zu unter-
scheiden und jüngere Kinder einen größeren Glauben an Werbung ausdrücken.[42]
Brian M. Young vertritt ebenfalls in seiner Studie ‚Television Advertising and
Children‘ die Ansicht, dass Kinder früh lernen zwischen der Fernsehwelt und der
Realität, folglich auch zwischen Programm und Werbung zu unterscheiden, da
sich Fernsehwerbung wahrnehmungsgemäß stark vom Programm abhebt.[43]
So sind die meisten Kinder zwischen fünf und acht Jahren in der Lage die
Hauptmerkmale der Wahrnehmung von Werbung und Programm zu erkennen,
wie z.B. dass Werbespots kurz und Programm lang ist. Ebenso entwickeln sie in
diesem Alter Schemata, die ihnen helfen die Erinnerung und das Erkennen von
Werbung zu organisieren. Kinder zwischen neun und zwölf Jahren verstehen,
dass Programm zur Unterhaltung da ist und Werbung Dinge verkaufen will. Im
Alter von zehn bis elf Jahren durchschauen sie dann den Überredungscharakter
von Werbung.[44]
J.R. Rossifer unterstützt in seiner Studie ‚Does TV Advertising Affect Children‘
die Ansicht, dass Fernsehwerbung keine generelle Irreführung bzw. kindliche
Verführbarkeit zur Folge hat. Wenn Kinder also Fernsehwerbung ausgesetzt
sind, macht sie dies weder in kognitiver noch in mentaler Hinsicht empfänglicher
für Werbeüberredungen. Diese angebliche Verführbarkeit kann auch durch For-
schungsergebnisse nicht belegt werden.[45]

---

[40] Vgl. Winick, S. 7
[41] Vgl. Adler, R.P., 1981, Effects, S. 2
[42] Vgl. ebenda, S. 38f.
[43] Vgl. Young, S. 67
[44] Vgl. Young, S. 300
[45] Vgl. Rossiter, S. 52

13

Die *Studie ‚Adolescent Scepticism toward TV Advertising and Knowledge of Advertiser Tractics'* von D.M. Boush u.a. unterstützt die Ansicht, dass Kinder mit zunehmendem Alter wachsende detaillierte und komplexe Kenntnisstrukturen aufbauen, die Annahmen über Taktiken und Wirkungen der Werbetreibenden enthalten. So besitzen Kinder bereits über ein Basisverständnis zur Werbung und bilden eine eigene allgemeine Einstellung der Werbung gegenüber aus.[46] Auch die Studie von J. Collins *‚Television and Primary Schoolchildren in North Ireland'* kam in ihren Untersuchungen zu vergleichbaren Ergebnissen, dass Kinder gegenüber Werbeaussagen deutlich skeptischer sind und meinen, dass Werbung nur manchmal bzw. nie die Wahrheit sagt.[47]

Die Ergebnisse der Studien haben gezeigt, dass Kinder durchaus in der Lage sind zwischen Werbung und Programm anhand konkreter Merkmal zu unterscheiden. Problematisch wird diese Unterscheidung jedoch bei Werbemaßnahmen, wie z.B. Product placement, die durch ihre Machart für Kinder nicht klar erkennbar sind.

2.3.2 Wirkungen des Werbeaufbaus

Kinder fühlen sich durch Gestaltungsmerkmal zu Werbung hingezogen, die sie ebenfalls zu Filmen und Programmen zieht, wie Humor, Action oder Musik. Die Tatsache, dass sie sich zur Werbung hingezogen fühlen, bedeutet jedoch nicht, dass sie von ihr verführt sind.[48] So scheinen sie Freude an Werbung zu empfinden, ohne jedoch besonders zum Konsum hingezogen zu sein.

2.3.3 Auswirkung auf die Sozialisation

Jeffrey Goldstein untersucht in seiner Studie ‚Children and Televion Commercials' die Auswirkungen der Werbung auf die Sozialisation der Kinder. Er kommt in seinen Untersuchungen zu dem Ergebnis, dass Fernsehwerbung einen Sekundäreinfluss darstellt und eher eine Hinweis- bzw. Erinnerungsfunktion hat, da mit steigendem Alter des Kindes der Einfluss der Altersgruppe erheblich zunimmt.[49]

„Werbung ist (somit) eine Informationsquelle, die eine unverzichtbare und legitime Rolle in der kindlichen Sozialisation spielt, denn sie lehrt sie die Fähigkeiten, die man notwendigerweise braucht, um im modernen Marktplatz zurechtzukommen."[50]

Zudem wird die Auswirkung von Werbung von der Art bestimmt, wie die Familie fernsieht und welche Einstellungen diese gegenüber Werbung einnimmt.

---

[46] Vgl. Boush, S. 166
[47] Vgl. ebenda
[48] Vgl. Collins, S. 37; Baacke, D. u.a., 1993, Kinder, S. 143
[49] Vgl. Goldstein, S. 16
[50] ebenda, S. 26

14

Die Studie ‚Kinder und Werbefernsehen' unterstützt diese Ansicht und kommt aufgrund einer durchgeführten Kinderbefragung zu dem Schluss, dass Kinder Werbung eher als eine Kaufhilfe betrachten.[51]

Die Studie ‚Kinder und Medien' der ZDF unterstützt ebenso diese Perspektive, dass die soziale Umgebung, wirtschaftliche Beschränkungen und die Tatsache, dass Werbung fast immer auf konkurrierende Medien- und Werbebotschaften trifft, dazu beitragen, dass Werbung bei Kindern nicht automatisch einen Kaufzwang erzeugt.[52] D. Baacke u.a. sehen in ihrer Studie ‚Kinder und Werbung' die Problematik gleichfalls weniger in Verführungsmechanismen, als vielmehr „in dem Übertrag von globalen Deutungsmustern und Handlungsstrukturen, die jeweils in der Werbung propagiert werden."[53]

2.3.4 Einstellung und Wahrnehmung der Werbung

Die Ergebnisse der AfK Studie ‚Werbefernsehkinder' zeigt ein ambivalentes Bild der Einstellung der Kinder zur Werbung.

Einerseits zeigen sie sich aufgeschlossen für Neues, andererseits treten sie der Werbung eher vorsichtig und skeptisch gegenüber. Offen bleibt hierbei, ob diese kritische Haltung selbstbestimmt ist, oder durch Eltern- und Altersgruppeneinflüsse geprägt wurde.[54]

Die Wahrnehmung und Speicherung der Werbung erfolgt bei Kindern selektiv. Die Rezeption ist dabei vom Interessengrad der beworbenen Sache entscheidend. So zeigen Kinder bei Produkten, wie Süßwaren oder Spielsachen eine erhöhte Aufnahmebereitschaft, bei der es zu einer unbeabsichtigten Informationswahrnehmung und –speicherung kommt.

2.3.5 Zusammenfassung der Studien

Die Betrachtung der Studien zur Werbewirkung bei Kindern zeigt, dass Kinder durchaus in einem Alter zwischen fünf und acht Jahren in der Lage sind zwischen Werbung und Programm anhand konkreter Merkmale zu unterscheiden. Fehlen diese Hinweise jedoch, wie bei Non-Spot Werbung gestaltet sich die Unterscheidung für Kinder äußerst schwierig.

Weiterhin konnte festgestellt werden, dass sich die Gestaltung der Werbung auf deren Akzeptanz und Speichervermögen auswirkt. Kinder mögen dabei Musik, Humor und Action.

[51] Vgl. TeleviZIon, S. 8
[52] Vgl. ZDF, S232 (Klingler)
[53] Baacke, D., u.a., 1993, Kinder, S. 162
[54] Vgl. ebenda, S. 143ff.

15

Die Studien zeigten auch, dass der Einfluss der Werbung auf die Sozialisation der Kinder überschätzt wird. Es wurde festgestellt, dass Kinder Werbung als eine Art Kaufhilfe betrachten und noch weitere Einflussgrößen bei ihrer Kaufentscheidung eine Rolle spielen. Eine Gefahr wird vielmehr darin gesehen, dass die in der Werbung propagierten globalen Deutungsmuster und Handlungsstrukturen von Kindern übernommen werden.

Die Betrachtung der Einstellung und Wahrnehmung der Kinder zur Werbung zeigte ein ambivalentes Bild mit einer kritischen Haltung der Werbung gegenüber. Die Wahrnehmung und Speicherung hängt dabei ebenso stark von Interessen der Kinder ab. Die Akzeptanz von Werbung wird schon darüber erzeugt, dass Werbung für Aufwachsende von Anfang an ständig präsent ist. So zeigt sich die Werbewirkung besonders hoch im Bereich der kinderkulturellen Produkt-, Konsum-, Technik-, und Medienorientierung, da sie für diese Bereiche besonders offen sind.

Die Betrachtung der Studien zeige jedoch, dass sich die Untersuchungen fast ausschließlich auf das Medium Fernsehen beschränken und andere wichtige Medien bzw. Multi-Media-Kampagnen völlig vernachlässigt werden. Gleichfalls fehlen Untersuchungen zu Werbeaktivitäten, die für Kinder nicht sofort als Werbung erkennbar sind.[55]

Das Wechselspiel von Kinderkultur und Werbekultur führt dazu, dass die Werbung durch den Einsatz von Repräsentanten der Kinderkultur selbst Bestandteil dieser wird. So symbolisieren Kleidung, Schuhe, Medien oder Spielsachen auch schon für Kinder bestimmte Lebensstile. Andererseits nutzen Kinder die besagten Produkte, um ihre Zugehörigkeit zu dem propagierten Lebensstil zeigen zu können.

Die Ängste auf psychische Deformationen von Kindern durch Werbung konnten in den Studien nicht nachgewiesen werden und müssen somit als unbegründet zurückgewiesen werden.

3 Medienerziehung

Auch wenn Kinder in einer Medienwelt aufwachsen und Konsum ein Bestandteil ihres Alltags und ihrer Umwelt ist, empfehlen sich aus sozialwissenschaftlicher Sicht Maßnahmen zur Verbesserung bzw. Unterstützung der Entwicklung ihrer Werbekompetenz.[56]

Vor allem Eltern, Kindergärten und Schulen können hier eine Hilfestellung bieten.

---

[55] Vgl. Baacke, D., u.a., 1993, Kinder, S. 166, 168ff.
[56] Vgl. Verband Privater, S. 81

Die Flut an Werbung erfordert es Kinder dieser gegenüber kritikfähig zu machen, was eine bewusste Medien- und Werbeerziehung daher unumgänglich werden lässt.

3.1 Schule

Die Schulen bleiben trotz der rasanten Entwicklung der Medien- und Werbewelt sehr zurückhaltend, könnte Werbung doch zum Ausgangspunkt vielfältiger pädagogischer Anliegen genommen werden.[57] So z.b. die Kriterien der Kinder für die Beurteilung guter und schlechter Werbung, Werbung als Schulung logischen Denkens, die Gestaltung der Werbung als Ausgangspunkt ästhetischer Erziehung, unterscheiden lernen von Kommunikationsformen oder Relativierung der Glaubwürdigkeit der Medien. Entscheidend ist dabei die Einstellung der Lehrer zur Werbung und ihre Vorstellung über deren Wirkung. Erst wenn sie Werbeerziehung als Aufgabe der Schule akzeptieren, kann eine erfolgreiche Implementierung von Werbeerziehung erfolgen.[58]

Anlässe für Werbeunterricht können dabei kinder-, lehrer-, extern- und situationsindizierte Unterrichtsimpulse darstellen.[59] Dagegen sind die häufigsten Meinungen sich nicht mit Werbung im Unterricht zu befassen, das Fehlen des Themas im Lehrplan, dass andere Fächer als wichtiger angesehen werden, Ideen zur Themenvermittlung fehlen, die Kinder zu jung sind, es keine gebrauchbaren Lehrmittel gibt oder Werbung einfach Sache der Eltern sei.[60]

Hier zeigt sich, dass eine Verankerung im Lehrplan eine große Stützte darstellen würde, da diese nicht nur Ideenlieferant, sondern auch schlagendes Argument beim Setzen von Unterrichtsprioritäten bildet.

Die Lehrer erhoffen sich durch die Werbeerziehung einen kritischeren Umgang der Kinder mit Werbung, ein geschärftes Bewusstsein der Kinder beim Einkauf und die Sensibilisierung ihrer Kritikfähigkeit.[61] Wichtig stellt sich bei der Implementierung von Werbeerziehung die Information der Lehrer über neue Werbeformen und differenzierte Wirkungsmodelle dar, da ihre Vorstellungen zur Werbewirkung auf Kinder Einfluss auf ihre Werbeerziehungskonzepte ausübt.[62]

Da das Thema aus Sicht der Lehrer jedoch kein brennendes ist, haben sie kaum Anlass von sich aus initiativ zu werden und sich mit den Kindern intensiv mit Werbung auseinander zu setzen. So ist für eine bildungspolitische Durchsetzung der Werbeerziehung ein Anstoß von außen notwendig. So müssen Lehren

---

[57] Vgl. Dt. Jugendinstitut, S. 25
[58] Vgl. ebenda, S. 30
[59] Vgl. ebenda, S. 67
[60] Vgl. dt. Jugendinstitut, S. 68, 70
[61] Vgl. ebenda, S. 75
[62] Vgl. ebenda, S. 783f.

Fortbildungsmöglichkeiten zur Werbung angeboten werden und es sollte eine Unterstützung mit notwendigen Materialien erfolgen. Das Thema Werbung gestaltet sich vielseitig und genauso vielseitig sind die Möglichkeiten das Phänomen Werbung altersgemäß und objektiv zu behandeln, um so die Medien- und Werbekompetenz der Kinder zu entwickeln.

3.2 Eltern

Nicht nur die Schule, sondern insbesondere auch die Eltern müssen sich ihrer Verantwortung bewusst sein, Kinder im Hinblick auf Medien und Werbung zu sensibilisieren und sie nicht uneingeschränkt und ungeschützt der Werbung auszusetzen.

So können Eltern sich gemeinsam mit ihren Kindern Werbeblöcke ansehen und mit ihnen z.b. darüber sprechen, was Werbung verspricht und ob dies der Realität entspricht. Ebenso können sie ihren Kindern gezielte Werbetechniken erklären, wie beispielsweise Wiederholungen, Übertreibungen oder vorgespielte Gruppenzugehörigkeit. Da Werbung auch in Formen auftritt, die für das Kind nicht sofort erkennbar ist, scheint es auch wichtig versteckte bzw. andere Werbeformen zu erklären.

Mit Hilfe der Eltern wird das Kind dann in der Lage sein Ziele von Werbung zu erkennen und zwischen Werbung und Programm zu unterscheiden. Kurz gesagt wird es über Werbekompetenz verfügen.

Literaturverzeichnis

Adler, R.P.; Lesser, G.S.; Meringoff, L.K. u.a., 1981, The *Effects* of Television Advertising on Children. Review and Recommendations, Massachusetts, Toronto: Lexington Books

Aufenanger, S., 1993, Kinder im Fernsehen – *Familien* beim Fernsehen, Schriftreihen Internationales Zentralinstitut für das Jugend- und Bildungsfernsehen, Nr. 26, München, New York, London, Paris: K G Saur

Aufenanger, S., 1997, Verlockungen und Gefahren heutiger Werbewelten für Kinder, In: Meister, D.M.; Sander, U. (Hrsg.), Kinderalltag und Werbung. Zwischen Manipulation und Faszination, Neuwied, Kriftel, Berlin: Luchterhand, S. 28-44

Baacke, D.; Sander, U.; Vollbrecht, R., 1993, *Kinder* und Werbung. Schriftreihen des Bundesministeriums für Frauen und Jugend, Band 12, Stuttgart, Berlin, Köln: Kohlhammer

Behrens, G., 1996, Werbung, ohne Ort: Vahlen Verlag

Benz, C., 2002, Kinderwerbung und Lauterkeitsrecht, Dissertation Uni Konstanz, Konstanz: o. Verlag

Bieber-Delfosse, G., 1999, Kinder der Werbung. Die *Einflüsse* einer Mediengesellschaft auf das Aufwachsen der Kinder, Zürich: Verlag pro juventute

Bieber-Delfosse, G., 2002, Vom *Medienkind* zum Kinderstar. Einfluss- und Wirkfaktoren auf Vorstellungen und Prozesse des Erwaschsenwerdens, Opladen: Leske+Budrich

Boush, D.M., u.a., 1994, Adolescent Scepticism forward TV Advertising and Knowledge of Advertiser Tactics. In: Journal of Consumer Research, 21.06.1994, S. 165-175

Charlton, M.; Neumann-Braun, K.; Aufenanger, S.; Hoffmann-Riem, W. u.a., 1995a, Fernsehwerbung und Kinder. Das *Werbeangebot* in der Bundesrepublik Deutschland und seine Verarbeitung durch Kinder, Band 1: Das Werbeangebot für Kinder im Fernsehen, Opladen: Leske+Budrich

Charlton, M.; Neumann-Braun, K.; Aufenanger, S.; Hoffmann-Riem, W. u.a., 1995b, *Fernsehwerbung* und Kinder. Das Werbeangebot in der Bundesrepublik Deutschland und seine Verarbeitung durch Kinder, Band 2: Rezeptionsanalyse und rechtliche Rahmenbedingungen, Opladen: Leske+Budrich

Collins, J., 1990, Television and Primary Scoolchildren in North Ireland. The Impact of Advertising, In: Journal of Educational Television, Vol. 16, No. 1, S. 31-39

Deutsches Jugendinstitut (Hrsg.), 1997, Werbepädagogik in der Grundschule, Eine repräsentative Befragung von Lehrerinnen und Lehrern in Bayern und Brandenburg, Opladen: Leske+Budrich

Goldstein, J., 1995, Children and Television Commercials. A Review Prepared for the European Advertising Tripartite, University of Utrecht, July 1995

Kirsch, J.; Müllerschön, B., 2001, *Marketing kompakt*, 4., überarb. U. erw. Aufl.; Stuttgart: Verlag Wissenschaft und Praxis

Klingler, W., Groebel, J. (Hrsg.), Kinder und Medien. Eine Studie der ARD/ZDF Medienkommission

Kommer, S., 1996 Kinder im *Werbenetz*. Eine qualitative Studie zum Werbeangebot und zum Werbeverhalten von Kindern, Opladen: Leske+Budrich

Mayer, A.E., 1998, Kinderwerbung – Werbekinder, München: KoPäd Verlag

Meister, D.M., Sander, U., 1997 Kinder und Werbewirkung. Ein Plädoyer für einen erweiterten Wirkungsbegriff, In: Meister, D.M.; Sander, U. (Hrsg.), Kinderalltag und Werbung. Zwischen Manipulation und Faszination, Neuwied, Kriftel, Berlin: Luchterhand, S. 45-61

Müller, M., 1997 Die kleinen *Könige* der Warenwelt. Kinder im Visier der Werbung, Frankfurt, New York: Campus

Niemann, R., 1997, Die Nutzung von Film- und Fernsehlizenzen im Konsumartikelmarkt für Kinder. Die Praxis für Merchandising, In: Meister, D.M.; Sander, U. (Hrsg.), Kinderalltag und Werbung. Zwischen Manipulation und Faszination, Neuwied, Kriftel, Berlin: Luchterhand, S. 87-97

Nieschlag, R.; Dichtl, E.; Hörschgen, H., 1997, *Marketing*, 18., durchges. Auflage, Berlin: Duncker und Humblot

Rossiter, J.R., o. Jahr, The Effects and Repetition of Television Commercials, S. 153-182

Seelbohn, J., 2001, Gabler Kompakt-Lexikon *Werbepraxis*, 2. Auflage, Wiesbaden: Betriebswirtschaftlicher Verlag Dr. Th. Gabler GmbH

Sommer, P.E., 2004, Generation-com, Studien und Analyse des *Konsumverhaltens* von Kindern und Jugendlichen beim Umgang mit den neuen Informations- und Kommunikationsmitteln, Mammendorf: pIV pro literatur Verlag Robert Mayer-Scholz

TeleviZIon, 1993, Im Fernsehen reißen oft die Filme, dann muss schnell Werbung kommen. Heft Nr. 6, Titelthema: Kinder und Werbefernsehen

Verband Privater Rundfunk und Telekommunikation e.V. (Hrsg.), 1996, Kinder und (Fernseh-) Werbung, Bonn: Carl Böschen Verlag

Winick, C., u.a., 1973, Children´s Television Commercials, A Content Analysis, New York, Washington, London: Praeger Publisher

Young, B.M., 1990, The Television Advertising and Cildren, Oxford: o.V.

Zentralverband der deutschen Werbewirtschaft (Hrsg.), 1999, Essenzen Kinder und Werbung, Bonn: ohne Verlag

http://www.zeit.de/2004/22/Kinder-Konsum, 20.06.05

http://media.guardian.co.uk/advertising/story/0,7492,1438367,00.html, 20.06.05

http://www.wuv.de/news/artikel/2004/11/37021/index.html, 24.06.05

http://www.wuv.de/news/artikel/2004/07/32157/index.html, 24.06.05

http://www.wuv.de/daten/studien/062004/889/summary.html, 20.06.05

http://www.wuv.de/daten/studien/062004/886/index.html, 24.06.05

http://www.wuv.de/news/artikel/2004/07/32157/index.html, 18.06.05

http://www.superrtl.de, 24.06.05

http://www.23muskeltiere.de/themen/werbung/haikwerb.html, 18.06.05

Lightning Source UK Ltd.
Milton Keynes UK
UKHW041813281118
333115UK00001B/31/P